AF627070

Karl Rahner

Vom Unterwegssein, Pilgern und Ankommen für immer

Karl Rahner

Vom Unterwegssein, Pilgern und Ankommen für immer

Herausgegeben von
Andreas R. Batlogg
und Peter Suchla

Matthias Grünewald Verlag

MIX
Papier | Fördert gute Waldnutzung
FSC® C014496

Die Verlagsgruppe Patmos ist sich ihrer Verantwortung gegenüber unserer Umwelt bewusst. Wir folgen dem Prinzip der Nachhaltigkeit und streben den Einklang von wirtschaftlicher Entwicklung, sozialer Sicherheit und Erhaltung unserer natürlichen Lebensgrundlagen an. Näheres zur Nachhaltigkeitsstrategie der Verlagsgruppe Patmos auf unserer Website www.verlagsgruppe-patmos.de/nachhaltig-gut-leben
Übereinstimmend mit der EU-Verordnung zur allgemeinen Produktsicherheit (GPSR) stellen wir sicher, dass unsere Produkte die Sicherheitsstandards erfüllen. Näheres dazu auf unserer Website www.verlagsgruppe-patmos.de/produktsicherheit. Bei Fragen zur Produktsicherheit wenden Sie sich bitte an produktsicherheit@verlagsgruppe-patmos.de

Alle Rechte vorbehalten
Für die Texte von Karl Rahner:
© Deutsche Region der Jesuiten
Für diese Ausgabe:
2. Auflage 2025
© 2021 Matthias Grünewald Verlag
Verlagsgruppe Patmos in der Schwabenverlag AG,
Senefelderstr. 12, 73760 Ostfildern
www.gruenewaldverlag.de

Umschlaggestaltung: Finken & Bumiller
Umschlagabbildung: Karl Rahner © Deutsche Region der Jesuiten
Satz: Schwabenverlag AG, Ostfildern
Druck: GGP Media GmbH, Pößneck
Hergestellt in Deutschland
ISBN 978-3-7867-3248-8

Inhalt

»Unter dem Himmel Gottes zieht auf den Straßen der Erde eine heilige Prozession«

Einführung der Herausgeber

Dass ein Buch ein Bestseller wird, dass es (deswegen) verfilmt wird, ist keineswegs ausgemacht. Schon gar nicht anfangs, bei Erscheinen. Und sein Titel ist sogar eine stehende Redewendung geworden: »Ich bin dann mal weg« (Untertitel: »Meine Reise auf dem Jakobsweg«). Hintergrund für das im Mai 2006 erschienene Buch, das sich weit über drei Millionen Mal verkaufte, war eine schwere Krise: Auch wenn sich eine zunächst als Herzinfarkt diagnostizierte Erkrankung von Hape Kerkeling später als Hörsturz herausstellte, warf ihn der Schock aus der Bahn. Der Entertainer, Schauspieler und TV-Moderator brauchte eine längere Auszeit. Und beschloss, sich nach Santiago de Compostela aufzumachen. Bereits ein Jahr vorher, 2005, hatte die Tragikomödie »Saint Jacques. Pilgern auf Französisch« einen Pilgerboom ausgelöst mit ihrer Geschichte über die unfreiwillige, 1500 Kilometer lange Pilgerfahrt dreier sehr unterschiedlicher Geschwister nach Santiago, die so den letzten Willen ihrer verstorbenen Mutter erfüllten. Viele nicht religiös orientierte Menschen haben durch diese beiden Medien-Ereignisse zum ersten Mal Bekanntschaft mit einer speziellen Form des Pilgerns gemacht, einer äußerlich sichtbaren Form. Aber es gibt auch eine äußerlich nicht sichtbare Form des Pilgerns, über die wir im Folgenden sprechen möchten.

I. Unterwegs: Der Mensch als Pilger

»Wir sind nur Gast auf Erden«: Was wir (übrigens nicht nur bei Trauergottesdiensten) in dem 1935 entstandenen Lied aus dem kirchlichen Gesangbuch singen (Gottelob Nr. 505), ist eine Banalität. Vermeintliche Selbstverständlichkeiten sind oft aber so banal nicht. Was die wenigsten wissen: Das Lied, dessen Text Georg Thurmair schrieb und das von Adolf Lohmann vertont wurde, war eine versteckte Kampfansage an die Nazi-Ideologie.

Dass Menschen unterwegs sind, dass jede Lebenszeit begrenzt ist und niemand weiß, wie lange er oder sie lebt, ist allen bewusst. Ob dieses Unterwegssein, die individuelle, zeitlich unbekannte und ungewisse Lebensspanne, aber als »Pilgern« verstanden wird – Lebenszeit als »Pilgerschaft«, noch dazu als eine, der ein »Ankommen für immer« verheißen ist –, darüber herrscht heutzutage kein Grundkonsens (mehr). Wer sich die drei Worte »Ankommen für immer« auf der Zunge zergehen lässt, spürt, dass dahinter bereits eine religiöse Überzeugung steckt, die manchen Ideologen ein Dorn im Auge sein mag, die aber genuin christlich ist.

Christen glauben, dass sie ein Leben lang unterwegs sind – und zwar als Pilger auf ein Ziel hin, ein Ziel, das sie als für immer angekommen empfängt. Sie glauben, dass die sieben oder acht oder mehr Lebensjahrzehnte, die ihnen beschieden sind, nicht alles sind, beileibe nicht. Manche wollen das glauben, können aber nicht. Andere ahnen es. Wieder andere wüssten es gerne. Nicht umsonst empfanden die ersten Christen, die sich in den Katakomben von Rom versteckten, um Gottesdienst zu feiern, ihren Sterbetag als Geburtstag: Sterben als Beginn eines anderen, neuen Weges hin zur Begegnung mit Gott. »Auf Wiedersehen« kann man durchaus als eine Kurzformel des Glaubens verstehen, als ein christliches Bekenntnis. Das Leben als Lebensweg, als Pilgerstrecke, weil verbunden mit einem spirituellen Ziel, das meint der von den Herausgebern gewählte Titel: Unterwegssein, Pilgern und Ankommen für immer– in Gottes liebender Gegenwart.

II. Karl Rahners gelebtes Glaubensbekenntnis

Für Karl Rahner SJ (1904–1984), von dem hier drei Predigten zusammengestellt sind, ging es beim Predigen stets um mehr als nur um eine Ansammlung »frommer Worte« oder eine letztlich harmlos bleibende, wenn auch erbauliche Collage von in sich richtigen Sätzen. Er wollte stattdessen, wie er zu Beginn in der Predigt »Mystik der Erde« über die Hochzeit von Kana sagt, »im Alltäglichen das Ewige« aufzeigen: Irdisches soll »die himmlischen Ereignisse spiegeln, die sich in diesem Irdischen selbst vollziehen«.

Der Ausdruck »Mystik der Erde« ist wohl von seinem Anfang Februar 1945 in Berlin-

Plötzensee hingerichteten Mitbruder und Freund Alfred Delp SJ übernommen, dessen bis 1982 unveröffentlichte »Skizze zu einem jesuitischen Menschenbild« Rahner unter seinen Manuskripten aufbewahrte. Dort heißt es: »Diese Erde kann also auch nicht ernst genommen werden, ohne dass Gott, ihr Grund und Ziel, immer mitgesagt und mitgemeint ist. Gott ist ihre große Transparenz und so wird das Ernstnehmen der Erde zu jener Mystik der Erde, Mystik der Dinge und des Dienstes an ihnen, die eine große und tiefe Eigenart unseres Lebens ausmachen« (Alfred Delp, Gesammelte Schriften, Bd. 1, Frankfurt a. M. [2]1985, S. 228).

Hinzu kommt Rahners Verständnis von Theologie und Verkündigung überhaupt, das die Schweizer Jesuitenzeitschrift »Orientierung« einmal so charakterisierte: Wenn Karl Rahner über Themen (wie die drei hier ausgewählten) predige, gehe es ihm »nicht um eine systematisch theoretische Darlegung der christlichen Wahrheiten und auch nicht um eine historisch liturgische Analyse von Messtexten«, vielmehr um »eine Art gelebtes Glaubensbekenntnis« (Nr. 9, 1954, S. 97). In der Tat, Rahners Predigten, das zeigen auch die drei in diesem Band versammelten, sind »eine Art gelebtes Glaubensbekenntnis«, das das existenzielle Ringen und Suchen von Menschen ernst nimmt und Theologie nicht als eine Sache von Akademikern und Spezialisten dastehen lässt.

III. Zum Verständnis der Texte

Die hier von den Herausgebern neu kombinierten Rahner-Texte haben drei Themen, Hochzeit – Himmelfahrt – Fronleichnam, die auf den ersten Blick nicht zusammenzugehören scheinen. Doch es gibt eine innere Verbindung: Da ist eben nicht nur ein Fest, das auf eine Blamage zusteuert, weil der Wein ausgeht. Da ist nicht nur das Entschwinden Jesu in den Wolken wie ein Abschied für immer. Da ist nicht nur ein Fronleichnamszug als angeblich typisch katholische Glaubensdemonstration. Da ist viel mehr: Alle drei Ereignisse, jedes auf seine Weise, lassen eine andere, sie verbindende Dimension aufscheinen, die zeigt, *dass unser*

Leben ein Unterwegssein ist, unser Unterwegssein ein Pilgern und unser Pilgern ein Heimkommen, dass also unser Unterwegssein keine vergebliche Liebesmühe ist, sondern ein Sich-Bewegen mit Gott an unserer Seite auf Gott zu – um für immer bei ihm anzukommen. Werfen wir einen Blick auf die einzelnen Texte:

1. »Mystik der Erde«, eine Predigt über die Hochzeit zu Kana (im Johannesevangelium, Kapitel 2, Verse 1–14), ist unglaublich dicht. Dieser kurze Text Rahners steckt voller Ideen, die man in ganz unterschiedliche Richtungen entfalten könnte, mit vielen Anregungen zum Verständnis Jesu, mit zahlreichen Aspekten des christlichen Glaubens, so dass man mühelos aus dieser kleinen Predigt ein ganzes Buch machen könnte. Wir wählen hier aus all diesen Aspekten nur einen aus, ohne damit freilich die anderen für unwesentlich zu halten. Wie könnten wir auch, schon der von Rahner immer wieder betonte Gedanke, dass die Erde »Sakrament Gottes« ist, wäre eine ausführliche Betrachtung wert. Denn das heißt ja, dass die Erde eben deswegen nicht verachtet, geringgeschätzt, abgetan werden darf, auch wenn sie erlösungsbedürftig ist, auch wenn die Welt unperfekt, anfällig für das Böse, für Verrat und schwere Schuld bleibt, wie die Kirchen- und die Weltgeschichte zeigen. Aber die Erde wird ebenso wenig wie der Leib des Menschen zerstört, sie haben beide eine Zukunft in Gott: »Er wird die Erde, den Leib des Menschen bewahren. Verklärt werden sie werden, nicht abgeschafft.« Wie gesagt, es gäbe unendlich viele solche nachdenkenswerten Aspekte in diesem Text.

Der Aspekt, auf den wir uns hier aber konzentrieren wollen, ist die Tatsache, dass Jesus als der Sohn Gottes nicht den versammelten Hochzeitsgästen Zurückhaltung empfiehlt, denn Wein sei schließlich ungesund, zu viel Alkohol schade der Leber, sondern stattdessen die leeren Weinfässer auf wunderbare Weise wieder mit Wein füllt.

Was ist das für ein merkwürdiger Gottessohn, der so gar nicht in die heutige Zeit zu passen scheint, in der uns an jeder Ecke Ernährungs-Gebote und -Verbote begegnen?

Was hat er sich mit seinem Wein-Wunder nur gedacht? Bekanntlich hat er sich ja auch sonst gerne zum Essen einladen lassen. Dieser lebenslustige Mann ist das Gegenteil der ausgemergelten Gestalt an unseren Kreuzen, das Gegenteil auch der hageren, fellbekleideten Einsiedelei-Asketen, wie sie uns in vielen religiösen Bildern und Geschichten begegnen. Aber Jesus ist wirklich beides, der Lebenslustige *und* der Gekreuzigte, und vielleicht hat beides bei ihm dieselbe Quelle: Liebe zu den Menschen und das Wissen, dass Gott im Leben wie im Tod an unserer Seite ist, egal, wohin der Weg uns führt, egal, ob es auf diesem Weg freudvolle oder leidvolle Abschnitte gibt.

Viel berichtet wird über Jesu Wein-Wunder ja nicht, der Text bietet keine Gebrauchsanweisung für die Verwandlung von Wasser in Wein, beschrieben wird auch kein großes Hallo der Gastgeber oder versammelten Gäste, als plötzlich wieder Wein kredenzt wird. Es bleibt ein stilles Zeichen, dem es darum geht zu zeigen, dass die Freude der Menschen von Gott geteilt wird, *dass er uns unsere Freude gönnt*, weil wir ihm ans Herz gewachsen sind.

Im christlichen Glauben geht es ja in erster Linie nicht um den moralischen Zeigefinger, sondern um die Freude der Kinder Gottes, eine Freude, die auch im Leid Kraft geben kann. Wenn Moral auf den Glauben an Gott angewiesen wäre, könnte der Staat von Atheisten kein moralisches Verhalten fordern. Tut er aber, und zu Recht. Dass man Christen dennoch oft eine kraftvollere Moralität zuschreibt, liegt allein daran, dass Christen, anders als Atheisten, in jedem Menschen ein Gotteskind sehen (die wohl beste Studie dazu: Hubertus Lutterbach, *Gotteskindschaft. Kultur- und Sozialgeschichte eines christlichen Ideals*, Freiburg i. Br. 2003) und dass diese Sicht ein bestimmtes moralisches Verhalten wie von selbst zur Folge hat – auch wenn diese Gotteskindschaft aller Menschen leider bei Christen zuweilen so aus dem Blickfeld gerät, dass man verzweifeln könnte.

Mit anderen Worten, Jesus predigt nicht Moral, sondern er predigt ein Gottesbild, und er zeichnet Gott ganz anders, als Menschen es bislang gewohnt waren: nicht als den

Gott, der den Ungehorsam gnadenlos bestraft, sondern als einen Gott, der sich mit uns mitfreut, wenn es auf unserem Lebensweg freudvolle Abschnitte gibt wie zum Beispiel Hochzeiten. Der aber auch unser Leid teilt, denn auf unserem Lebensweg gibt es natürlich nicht nur freudvolle, hohe Zeiten, sondern auch leidvolle, abgründig tiefe; Jesus hat das am eigenen Leibe erfahren: Sein Leben endete grausam – und doch war sein Ende Vollendung, war sein Ende ein Ankommen für immer, so wie es das auch bei uns sein wird.

2. *»Gegangen – und weg? Was Christi Himmelfahrt über den Glauben sagt«* ist ebenfalls ein Text voller Anregungen und Gedanken,

die es alle wert wären, detailliert auf sie einzugehen. Der Text zeigt aber auch einen weiteren Aspekt unseres Unterwegsseins, einen Aspekt, der dieses Unterwegssein für immer zum Pilgern macht, weil es ein Unterwegssein ist mit Gott an unserer Seite auf Gott zu:

Wenn Jesus von uns geht, und für dieses Weggehen ist Himmelfahrt ein sehr kraftvolles Bild, dann ist die erste unwillkürliche Reaktion eine Abschiedsreaktion im Sinne von »wie traurig, jetzt ist er für immer weg«. Rahner hinterfragt diese Reaktion und zeigt, dass das Gegenteil der Fall ist. Unglaublich dicht und poetisch formuliert er das in Frageform: »Ist er uns fern, da er aufgefahren ist über alle Himmel? Ach, wann ist uns jemand nahe? Wenn wir ihn betasten und küssen können? Zum Beispiel wie Judas den Herrn? Oder sind das Gesten, die im Grunde doch nur zur Kategorie der Klopfzeichen gehören, mit denen die Gefangenen von Zelle zu Zelle ihre versperrte Einsamkeit morsen? Muss man nicht gestorben sein, ›fern‹ geworden und so *leben*, um nahe zu sein?«

Jesus geht von uns, damit er – um in Rahners Bild zu bleiben – von nun an keine Klopfzeichen mehr zu geben braucht, »weil er nicht mehr nebenan, im Verlies seines leidenden, unverklärten Leibes ist, sondern jetzt durch Tod und Verklärung mitten bei uns, genau dort, wo wir sind, nicht mehr bloß daneben. Siehe, ich bin bei euch, alle Tage! Und wenn er sagt oder sagen lässt durch den Apostel, dass er in seinem Geist bei uns sei, durch diesen in uns lebe und wir in ihm, […] so meint er nicht seine heiligen Gebote und nicht seine Gesinnung und seine Haltung, seine Theorie und die Aussichten, die er uns eröffnet, sondern seinen wirklichen Geist, der von ihm ausgeht als die liebend geschenkte Wirklichkeit seines göttlichen Lebens, die durch sein im Tod durchbohrtes Herz ausströmend eindrang in die innerste Mitte der Welt und unserer Herzen. Weil er uns endlich nahekommen wollte, ist er gegangen«.

Unser Unterwegssein ist daher nicht nur ein »sich so lange bewegen, bis es nicht mehr geht«, nicht einfach ein Umherirren, sondern ein Pilgern, ein spirituelles Unterwegssein, weil Er dabei ist auf unserem Lebensweg, himmelweit fern und gerade deshalb unendlich nah.

3. »*Von der Pilgerschaft des Lebens. Fronleichnam als Symbol des Christseins*« ist ein Text, dessen Bildreichtum geradezu mystische Tiefe erreicht. Und er weist in dieselbe Richtung wie die Himmelfahrtspredigt: Mag Fronleichnam zunächst eine Flurprozession gewesen sein, im Spätmittelalter auch eine gegen die Protestanten gerichtete katholische Demonstration. Heute verstehen wir diesen Zug der Prozession durch den Alltag des Menschen, durch »alle irdischen Dimensionen seines Daseins«, anders: nämlich als ein Sinnbild für die christliche Sicht der Pilgerschaft des Lebens, für das spirituelle, nicht

umherirrende Unterwegssein der Menschen: »Wir sind Pilger auf Erden … die sich wandeln, die durch Räume und Zeiten unstet hindurchgetrieben werden, die unterwegs sind … die sich wandeln lassen müssen, weil Menschsein heißt, sich wandeln zu lassen, und Vollkommenheit, sich oft gewandelt zu haben. Unsere Zeitlichkeit und die Vielschichtigkeit der Räume unseres Daseins wird durch die ›Bewegung‹ einer Prozession zur sinnfälligen Erscheinung gebracht.«

Und bei dieser Bewegung der Prozession, dem Sinnbild für unser lebenslanges Unterwegssein, ist jemand an unserer Seite, im Auf und Ab des Lebens, in guten und in schlechten Tagen: »Wir sind dabei begleitet von dem, der alle Wege gerade und zielvoll machen kann, wenn nur er mitgeht. Die Prozession sagt uns von dem seligen Wunder, dass seit der Menschwerdung und dem Tod und der Auferstehung des Christus unsere ›Bewegung‹ sich eigentlich nicht nur auf das Ziel hinbewegt, sondern sich schon mitten im Ziel selbst bewegt«. Daher lasst uns gehen, so beendet Rahner diese Predigt, »unverdrossen alle Straßen dieses Lebens, die ebenen und die rauen, die seligen und die blutigen, der Herr ist dabei, das Ziel und die Kraft des Weges ist da. Unter dem Himmel Gottes zieht auf den Straßen der Erde eine heilige Prozession. Sie wird ankommen«.

Die Herausgeber wünschen allen Leserinnen und Lesern, dass diese drei Rahner-Texte erspüren lassen: Ja, wir sind in Freud und Leid unterwegs im Leben, aber wir sind spirituell unterwegs, nämlich als Pilger voller Vertrauen, dass es ein Ankommen für immer gibt, ein Ankommen in der Geborgenheit eines Gottes, für den wir unendlich wichtig sind, der uns mit jeder Faser unseres Seins wertschätzt und für immer in seiner Liebe mit Händen trägt.

Andreas R. Batlogg SJ

Peter Suchla

Mystik der Erde

Hochzeit ist. Man trinkt und lacht. Die Kellner flitzen, und der Wein ist gut. Es ist richtig gemütlich, und man steuert fröhlich und unbefangen so einer lustigen Weinlaune zu. Die stille Frau aus Nazareth (man hatte sie nun einmal bei der Einladung nicht übergehen können) stört eigentlich nicht, obwohl man das ein wenig gefürchtet hatte. Ja, es liegt ihr sogar daran, dass das Fest in Schwung bleibt. (Sie bemerkt sogar eine Gefahr dafür, ehe die andern sie ahnen.

Wie menschlich sind doch die wahren Kinder des Himmels!) Auch der Sohn dieser Frau und seine Freunde sind da. Je mehr Gäste, um so heiterer ist ja ein solches Fest. Auch Er ist geheimnisvoll wie seine Mutter. Aber merkwürdig: Er fügt sich in den Rahmen, obwohl man heute doch einfach einmal ganz »fidel« sein will. Nein, Er ist kein Spielverderber. Wer hätte das gedacht! Man hatte so ein wenig tiefsinnige Predigten gefürchtet. Und sieh da: Wo die irdische Freude mit dem Wein auszugehen droht, wirkt Er Sein erstes Wunder. Still und unauffällig, damit auch das Wunder Gottes nicht das Fest der Menschen störe.

Er liebt den Menschen, Er, der selbst Mensch ist. Er liebt ihn, seine Erde und seine

Freude, die Blume des Weines und das unbeschwerte Lachen aus einem kindlichen Herzen. (Später werden die Menschen, die sich selbst nicht ertragen können, ihn sogar einen Schlemmer und Trinker nennen.) Es ist der Anfang Seiner Zeichen. Er wird aus diesem Anfang ein Ende, die Vollendung machen. Er wird die Erde mit Seinem Blute tränken in der Wirklichkeit des Kreuzes und unter dem Zeichen des Weines. Er wird die Wasser der Bitterkeit in den Wein der ewigen Freude verwandeln. Er wird die Erde, den Leib des Menschen bewahren. Verklärt werden sie werden, nicht abgeschafft. Wenn der Glanz Seiner Gottheit am Ende durchbrechen wird, dann wird die Erde und der Leib unter diesem brennenden Glanz nicht vergehen, sondern erst recht bestätigt werden. Für immer und ewig!

Er ist nicht gekommen, Geister zu entführen aus einem dunklen Verließ, das sie festhält, sondern um das Fleisch für immer zu erlösen zu seinem vollen, verklärten Wesen. Darum geht der Menschensohn zur Hochzeit, da das Fleisch aufs Neue anhebt zu seiner Behauptung. Er ergreift den Becher, füllt ihn mit dem Wein der Erde, trinkt ihn und reicht ihn allen diesen Kindern, die nicht wissen, was geschieht. Es wird noch lange dauern, bis diese Erde und der Mensch erlöst sind. Es wird Seine Tränen und Sein Blut kosten, bis diese Erde rein ist und bis der Mensch zu glauben wagt, dass er Mensch sein könne für ewig, ohne ein Tier oder ein Engel zu werden. Es wird Sein Blut kosten, bis der Mensch begreift und vermag, dass man die Erde lieben könne und Gott. Gott, weil ohne Ihn die Erde nichtig ist, die Erde, weil sie das Sakrament Gottes ist.

Gegangen – und weg?

Was Christi Himmelfahrt über den Glauben sagt

Er ist von uns gegangen. Es ist erschreckend, dass wir darüber keinen Schmerz empfinden. Er hat gemeint, uns trösten zu müssen. Aber unsere dürren und flachen Herzen horchen bei seinem Trost nur verwundert auf. Wir müssen uns erst lange besinnen, bis wir – vielleicht – ein Weniges davon begreifen, dass wir über seine Ferne untröstlich sein sollten. Ja, es ist wahr: Wir müssten ihn eigentlich festhalten. Es müsste uns eine entsetzliche Angst befallen über die Leere, die er bei uns hinterlässt. Nun war endlich einer da, der nicht überflüssig ist. Einer, der nicht zur Last wird, sondern trägt, weil er gut ist, so bescheiden gut, dass wir es schon fast wieder alltäglich fanden, einer, der das unbegreifliche Rätsel hinter allem Greifbaren seinen Vater nannte und dabei weder unglaubhaft naiv, noch geschmacklos anmaßend wirkte, ja die Welt fast in Versuchung führte, es für selbstverständlich zu halten, wenn er auch uns erlaubte, »Vater unser« in die göttliche Finsternis hineinzuflüstern. Es war Gottes Erbarmen und seine ewige Weisheit bei uns. Endlich konnten wir uns von

Gott etwas anderes denken als die Abstraktionen der Philosophen. Endlich war einer dagewesen, der etwas wusste und doch nicht gescheit reden musste. Einer, den man nur zu greifen brauchte, den man zu küssen wagte, dem man freundschaftlich auf die Schulter klopfte, der sich nichts daraus machte – und man hatte in diesen Lächerlichkeiten alles – alles leibhaftig, Gott, sein Erbarmen, seine Gnade und seine Nähe. Das ewige Wort des Vaters hatte sich in unser Fleisch hineingedrängt. – O, dass ihn nicht schauderte bei diesem unbegreiflich törichten Unterfangen, Gottes Leben ansässig zu machen im Stall dieser Welt.

Nun ist er wieder fort. Wir nehmen es kühl auf. Vielleicht denkt es in uns im Geheimen: Er hat es bei uns nicht ausgehalten. Natürlich nicht, wenn man ihn kreuzigte. – O Gott, ich hätte es bestimmt auch getan, wenn ich dabei gewesen wäre. Oder kann ich mich (so wie ich jetzt bin) im Ernst für besser halten als jene? Absolute Verlorenheit, wenn er nicht für seine Feinde gebetet hätte. Für mich also. Der einzige Trost. Dass das mich tröstet, ist meine einzige Zuversicht. Denn es gehen wohl nur die verloren, die diesen Trost nicht kennen. Kann man an dich glauben und dich lieben, wenn man so ist wie ich? Das hoffe ich, Herr. Erbarme dich meiner! Oder hat er es doch ausgehalten? So sehr, dass er mitnahm, was er angenommen hatte? Es ist wahr, es hätte uns nichts genützt, wenn er geblieben wäre. Denn auf die Dauer halten wir es ja selbst hier nicht aus. Wir sterben ja. Irgendwo und -wie – sogar freiwillig. Aus Verzweiflung oder aus Sehnsucht nach der Freiheit, den Tod des Todes oder den des Lebens. [...]

Also hatte er recht, ganz recht, dass er ging. Er hatte ja getan, was man hier tun konnte (Verzeihung, was nur *er* tun konnte): über dieser Erde, in maßloser Liebe zu dieser schrecklichen Erde (hat er sie mit seinem Vater verwechselt oder ist diese Verwechslung gerade sein Geheimnis, berechtigt, weil der Vater sie ihm gegeben?), sein Herz wie eine Traube bis zum letzten Tropfen auszupressen und alles in diese Erde, die böse alles verschluckt, hineinrinnen zu lassen, bis das Feuer der Schuld und der Qual in ihrem Innern ausgelöscht und ihre innerste Hohlheit ausgefüllt war mit dem Blut Gottes selbst. Er hatte getan, was *er* hier tun konnte. Dass der Vater dann nicht gleich diese Erde aufflammen ließ in seiner Seligkeit, das war nicht seine Sache, sondern die des Vaters, der wohl wollte, dass *wir* noch zu Wort und Tat kämen. Er selbst hielt diese Verzögerung – o abenteuerlicher Mut seines fraglosen Herzens – für »eine kleine Weile«. Er musste gehen. Es war für ihn nichts mehr zu tun. Denn es war alles vollbracht, seit er die Finsternis von Golgatha zum Tag seiner Liebe gemacht und er danach seinen Vertrauten eben noch rasch zugeflüstert hatte, dass man so siegen kann. (Herr, hilf meinem Unglauben!)

Und er hat mitgenommen, was er angenommen hatte. Das hinfällige Fleisch, den menschlichen Geist, der im Todesleiden verdunkelte und keine Antworten mehr wusste, das zitternde Herz. Das, was ich bin: dieses enge Loch, voll Finsternis, in dem die Fragen und Unbegreiflichkeiten wie pfeifende Ratten herumschleichen und keinen Ausgang finden. Natürlich, ich weiß schon: Wenn man uns von Gott aus anschaut, kann man gewählter von uns reden und erfreulicher. Aber wisst ihr so genau, ihr, die ihr entrüstet seid über diese Anthropologie, dass ihr auch wirklich von der Perspektive Gottes den Menschen beurteilt: und er sah, dass alles gut war? Oder lebt ihr das vergnügliche Leben der Kellerasseln, die sich sehr leicht ertragen?

Warum wollt ihr eigentlich noch Gott, wenn ihr euch schon zuvor so respektabel vorkommt? Es sei nicht mit euch gestritten. Es steht fest in eurem und meinem Glauben, dass die menschliche Natur verkannt wird, wenn sie nicht – möglichst rasch – endgültig zu Gott kommt. Eine solche »Natur« hat der Sohn gehabt, *consubstantialis nobis* [»uns wesensgleich« – Definition des Konzils von Chalkedon, 451 n. Chr.]. Und gerade, weil sie ganz Gottes war, wusste er (eigentlich als einziger), wie es mit ihr stände, wenn sie nicht sich selbst absolut davonliefe, in Gott hinein. Diese hat er angenommen. Und diese hat er mitgenommen. Dorthin, wo man meinen sollte, sie müsse restlos in Nichts sich auflösen, wenn sie den Schritt hinüber wagen wollte, dorthin, wo sie allein sein kann, soll sie nicht schon hier ihre Hölle finden.

Ich brauche keine spätklug-dumme Aufklärung und Entmythologisierung, um zu wissen, dass ich mir nicht vorstellen kann, wie sie sich *»dort«* hält, was sie *»dort«* macht. Ich bin nicht so spiritualistisch, um mir viel leichter dort eine »Seele« vorstellen zu können als einen Leib. Wie lächerlich sind eigentlich die Christen, die sich Maria eher mit der Seele, als ganz mit Leib und Seele im Himmel meinen denken zu können. Da hätten die paar katholischen »Ketzer« von heute schon noch eher Recht, die gleich alle in Gottes Gnade Gestorbenen mit Leib und Seele in den Himmel versetzen. Also: Ich bilde mir nicht ein, mir einen endlichen Geist »vorstellen« zu können, der es bei Gott selbst – ganz genau da und nur da – aushält, aber ich weiß, dass es uns unter Strafe ewiger Verdammnis verboten ist, anspruchsloser zu sein und ein bescheideneres Plätzchen der Seligkeit zu erstreben oder gar auf eine ewige Existenz zu verzichten. Und ich weiß nicht, was ein Leib dort tut. Was beides eine Ewigkeit lang tut. Natürlich, Gott ist ewig sinnvoll. Aber wir? Wir mit Leib und Seele (oder wie man uns en détail schildern mag)? Hier halten wir es auf die Dauer nicht aus, und dort können wir es uns nicht vorstellen. Oder ist etwa die Visio beatifica, die Anschauung Gottes, in unserem Glauben kein absolutes Mysterium mehr? Und habt ihr euch schon einmal bemüht, euch einen verklärten Leib genauer vorzustellen?

Und darum ist mein Glaube und mein Trost: Er hat das Unsere mitgenommen. Er ist aufgefahren und sitzt zur Rechten des Vaters. Ich sehe den Menschensohn zur Rechten Gottes stehen. Der absolute Logos wird mich in Ewigkeit mit einem Menschenantlitz anschauen. [...]

Er selber, Jesus von Nazaret, bleibt in Ewigkeit. So sehr hat er das mitgenommen, was er war und was wir sind. Wir müssen wichtiger und wertbeständiger und wirklicher sein, als wir es, trotz unseres närrischen oder verzweifelten Hochmutes, für möglich halten. Man könnte einmal das ganze Christentum auf die Formel bringen: Es ist der

Glaube, in dem Gott den Hochmut des Menschen so übertrumpft, dass die ärgste Einbildung des Menschen von seinem eigenen Wert zu sündhaftem Kleinglauben und fast tierischer Bescheidenheit degradiert wird. Übrigens: Wo der Mensch »pantheistisch« sich einbildet, Gott zu sein, macht er ja – genauer besehen – nicht sich zu Gott, sondern Gott zu sich. Der Pantheismus ist also kein Einwand gegen das oben Gesagte. Denn was heißt: Menschwerdung, Gnade und Glorie schließlich anders als: Der Mensch kann es (und sich selber nur so) aushalten, mitten in Gott zu sein, mitten in diesem absoluten Feuer, mitten in dieser Unbegreiflichkeit, unmittelbar vor dem, der über alles, was außer ihm ist, so erhaben ist, dass es einfach schlechthin nicht gesagt werden kann. Das aber ist die unwahrscheinlichste Wahrheit. Und sie wird gefeiert an Christi Himmelfahrt. Denn da ist sie endgültig geworden. Er hat das Unsere mitgenommen! [...]

Ist er uns fern, da er aufgefahren ist über alle Himmel? Ach, wann ist uns jemand nahe? Wenn wir ihn betasten und küssen können? Z.B. wie Judas den Herrn? Oder sind das Gesten, die im Grunde doch nur zur Kategorie der Klopfzeichen gehören, mit denen die Gefangenen von Zelle zu Zelle ihre versperrte Einsamkeit morsen? Muss man nicht gestorben sein, »fern« geworden und so leben, um nahe zu sein? Muss man nicht abgestiegen sein – eingestiegen – ins Herz der Welt durch den Tod, um allem nahe zu sein, nahe von der geheimen Wurzel aller Dinge her? Ist der Fleischesleib, den wir jetzt tragen, nicht das Festgelegt-Sein auf ein enges Hier und Jetzt in dieser endlichen Raumzeit, so dass nur, wer ihn sterbend auszieht, um den himmlischen Leib anzuziehen, allem nahe sein kann?

»Er kommt mir aber fern vor, und er hat doch selber gesagt, dass er uns verlassen werde?« Nein, er sprach nur vom Aufgeben jener irdischen Nähe, die im Letzten Ferne ist. Er sagte, dass er keine Klopfzeichen mehr geben werde, geben brauche, weil er nicht mehr nebenan, im Verlies seines leidenden, unerklärten Leibes sei, sondern jetzt durch Tod und Verklärung mitten bei uns, genau dort, wo wir sind, nicht mehr bloß daneben. Siehe, ich bin bei euch, alle Tage! Und wenn er sagt oder sagen lässt durch den Apostel, dass er in seinem Geist bei uns sei, durch diesen in uns lebe und wir in ihm, sich von uns anziehen lasse, so meint er nicht seine heiligen Gebote und nicht seine Gesinnung und seine Haltung, seine Theorie und die Aussichten, die er uns eröffnet, sondern seinen wirklichen Geist, der von ihm ausgeht als die liebend geschenkte Wirklichkeit seines göttlichen Lebens, die durch sein im Tod durchbohrtes Herz ausströmend eindrang in die innerste Mitte der Welt und unserer Herzen.

Weil er uns endlich nahekommen wollte, ist er gegangen und hat das Unsere mitgenommen. Weil er erhöht wurde (am Kreuz des Todes und zur Rechten des Vaters), ist er und alles in ihm nahe geworden. [...] Wir merken nichts davon und darum ist Himmelfahrt doch Trennung. Aber Trennung nur für unser armseliges Bewusstsein. Wir wollen an solche Nähe im Heiligen Geist glauben.

Himmelfahrt ist der allgemeine Vorgang der Heilsgeschichte, der sich in unserer persönlichen Gnadengeschichte im Einzelnen wiederholen muss: Wir werden reich, wenn wir arm werden; erleuchtet, wenn die Lichter der Welt sich verfinstern; mehr mit ihm vereint, wenn wir – scheinbar – seiner irdisch-fleischlichen Nähe entfremdet werden. Wenn wir nur eine Öde und Leere des Herzens zu spüren meinen, wenn aller Festjubel uns so vorkommt, als sei er offizielles Getue, weil man sich selbst die eigentliche Wahrheit um uns doch nicht eingestehen könne, dann sind wir in Wahrheit besser zum Fest der Himmelfahrt vorbereitet, als wir ahnen. Er nimmt uns ja nur seinen Schein, um uns seine Wirklichkeit zu geben. Die unendliche, namenlose Wirklichkeit, die er, vom Vater empfangen, in seinem Geist uns gibt, die wir empfangen können, da er heimkehrend mit dem Unsern uns fähig gemacht hat, Gottes teilhaftig zu sein.

Von der Pilgerschaft des Lebens

Fronleichnam als Symbol des Christseins

Die Fronleichnamsprozession ist im letzten Drittel des 13. Jahrhunderts lokal entstanden. Anfang des 15. Jahrhunderts ist sie schon allgemein. Sie ist ein Stück des späten Mittelalters und seiner Glaubenseinheit, also keine Glaubensdemonstration gegenüber der nichtkatholischen Welt. Sie ist vielmehr entstanden aus der allgemeineren

Sitte der Flurprozessionen. In diesen schreitet der Mensch alle irdischen Dimensionen seines Daseins heiligend ab und trägt das »Heilige« (die Reliquien der Kirche bis eben zum »Allerheiligsten«) in seine ganze Welt hinein. Weil alles auch in seiner Vielfalt aus *einer* Wurzel wächst und zu einem Ende hinstrebt, verschränkt der Mensch in der Prozession die Räume und Vollzüge seines Daseins: Die offene Weite wird zur Kirche, die Sonne zum Altarlicht, der frische Wind singt mit den Liedern der Menschen einen Chor, an den Straßenecken des Alltags stehen die Altäre, die ernste Versammlung vor Gott stehender Menschen wird zum bunt fröhlichen Zug der Schreitenden, und die unbeschwerten Vögel des Himmels schneiden ihren Flug mitten durch das Beten, das von der bekümmerten Erde aufsteigt, schon fast verwandelt in reinen Lobgesang.

So ist die Prozession das Sichtbarwerden der Bewegung des Menschen durch die Räume seines Daseins auf sein Ziel hin und das Zeigen des Heiligen, das im letzten diese Bewegung trägt, in ihr bleibend beharrt und sie auf ihr eigentliches Ziel hinführt: Gott.

Von hier aus kommen wir zum Sinn des Fronleichnamsfestes, zum Sinn der Eucharistie. Gewiss hat dieses Sakrament dort seinen vollen Sinn erreicht, wo es empfangen wird. Wo wir es auf unseren Altären bewahren und durch das Land unseres Lebens, es erhebend und zeigend, tragen, da ist es immer noch die Speise, die wir dann erst uns ganz aneignen, wenn wir sie genießen. Aber dennoch ist dieses Sakrament ein bleibendes Sakrament, das bewahrt, gezeigt, angebetet werden kann und soll, wie der Mensch mit seinem Blick sonst auch die Speise umfasst und ersehnt, sie zu genießen bereit ist. Und so zeigt sich das Wesen des Sakramentes der Altäre auch da, wo es als bleibendes Sakrament gezeigt und verehrt wird, wenn da auch nicht so deutlich in Erscheinung tritt, wie der Mensch sich das im Zeichen und in der Wahrheit zugleich aneignet, was es enthält.

Was sagt uns, so gesehen, die Fronleichnamsprozession zunächst im Allgemeinen? Sie sagt uns, nein, besser, wir sagen uns selbst durch sie: Wir sind Pilger auf Erden, wir haben hier keine bleibende Stätte, wir sind diejenigen, die sich wandeln, die durch Räume und Zeiten unstet hindurchgetrieben werden, die unterwegs sind und das eigentliche Vaterland und die ewige Ruhe erst noch suchen, wir sind die, die sich wandeln lassen müssen, weil Menschsein heißt, sich wandeln zu lassen, und Vollkommenheit, sich oft gewandelt zu haben. Unsere Zeitlichkeit und die Vielschichtigkeit der Räume unseres Daseins wird durch die »Bewegung« einer Prozession zur sinnfälligen Erscheinung gebracht.

Aber dieser Zug ist nicht bloß ein Rudel und diese Bewegung nicht nur die Massenflucht der Gehetzten durch die Zeit und die unwirtlichen Wüsten unseres Daseins: Eine Prozession ist eine heilige Bewegung der wirklich Verbundenen, sie ist ein sanfter Strom von heiliger, ruhevoller Majestät, ein Zug, in dem Hände milde gefaltet, nicht Fäuste bitter geballt werden, ein Zug, der niemanden bedroht, keinen ausschließt und selbst die noch segnet, die verwundert am Rande stehen und nichts begreifend schauen, sie ist eine Bewegung, die das Heilige, das Ewige mit sich trägt, die die Ruhe in der Bewegung und die Einheit der Bewegten bei sich hat. Der Herr der Geschichte und dieses heiligen Exodus aus der Verbannung nach dem ewigen Vaterland geht selber mit, es ist ein heiliger Gang, eine Prozession, die wahrhaft ein Ziel hat, vor sich und bei sich. Von da aus verstehen wir, was diese Prozession im Besonderen sagt:

Sie sagt von der ewigen Gegenwart der Menschheitsschuld in der Geschichte der Menschheit und in unserer eigenen Geschichte, in der Geschichte je meines Lebens. Wir tragen den Leib mit auf unserem Gang, der für uns dahingegeben wurde. Das Kreuz von Kalvaria geht mit. Das Zeichen, dass auf der Menschheit die Schuld des Gottesmordes lastet, der Leib und das Leben, das wir alle in den Tod gestoßen haben. Den Gekreuzigten haben wir immer bei uns auf der Wanderung durch unsere Zeit, sagt diese Prozession der Sünder, und wenn wir über unsere Straßen wandern, vorbei an Fassaden, hinter denen sündiger Luxus, sündiges Elend und Finsternis der Herzen hausen, dann wandern wir an immer neuen Offenbarungen dieser Sünde der Welt vorbei und wandern in sie hinein, dann künden wir seinen und unseren Tod, den wir alle verschuldet haben. Wir bekennen durch diese Prozession, die den Gekreuzigten bei sich hat, dass wir Sünder sind und die Schuld der Menschheit und unsere eigene auszuleiden haben. Wir bekennen, dass wir immer wieder die Wege des Irrtums, der Schuld und des Todes gehen, die Wege, die durch den, der sie auch sündlos für uns ging und immer noch mit uns geht – im Sakrament und in seiner Gnade des Geistes – geheimnisvoll auch die Wege der Erlösung geworden sind für die, die liebend glauben, dieses Sakrament ergreifen und mitnehmen auf ihren dunklen Pfaden.

Die Prozession sagt uns von der bleibenden Gegenwart der Versöhnung auf den Wegen unseres Lebens. Er geht mit, sagt sie, er, die Versöhnung, er, die Liebe und das reuelose Erbarmen. Er, der uns nachgeht, er, der uns in der Hartnäckigkeit seiner Liebe verfolgt, solange wir überhaupt die Straßen dieser Erde ziehen, der uns folgt sogar dort, wo wir krumme Wege gehen und die Richtung verlieren. Er, der auch in der Wüste das verlorene Schaf sucht und dem verlorenen Sohn entgegenläuft. Er geht mit auf der Wallfahrt unseres Lebens, der alle diese Straßen selber [...] abgelaufen ist von der Geburt bis in den Tod und darum weiß, wie es einem bei dieser endlosen und oft so weglosen Irrfahrt zumute ist. Er ist dabei, sichtbar und unsichtbar, er mit der Erbarmung seines Herzens, mit der geduldig und reif und erbarmend gewordenen Erfahrung eines ganzen Menschenlebens. Er, das Heil selbst und die Versöhnung unserer Sünden. Wir tragen das Sakrament durch die Fluren und Wüsten unseres Lebens und bekennen: Wir sind dabei begleitet von dem, der alle Wege gerade und zielvoll machen kann, wenn nur er mitgeht.

Die Prozession sagt uns von dem seligen Wunder, dass seit der Menschwerdung und dem Tod und der Auferstehung des Christus unsere »Bewegung« sich eigentlich nicht nur auf das Ziel hinbewegt, sondern sich schon mitten im Ziel selbst bewegt. Das Ende der Zeiten ist ja schon über uns gekommen. Wir irrende Pilger tragen ja den schon in Händen, der das Ende und Ziel selber ist. Wir heben den Leib empor, in dem sich Gottheit und Menschheit schon unauflöslich verbunden haben, wir tragen den verklärten Leib (wenn auch noch unter den Schleiern dieser Welt verborgen), in dem schon die Welt in einem ewig zu ihr gehörenden Stück begonnen hat, verklärt zu werden und in das ewige, unzugängliche Licht Gottes selbst hineinzuragen. Die Bewegung der Welt, so sagt die Fronleichnamsprozession, ist schon in ihre letzte Phase getreten, sie als Ganzes kann schon ihr Ziel nicht mehr verfehlen, das ferne Ziel dieser Bewegung aller Jahrtausende ist schon geheimnisvoll in diese Bewegung selbst eingedrungen und in ihr nicht mehr bloß als Verheißung und ferne Zukunft, sondern als Wirklichkeit und Gegenwart anwesend.

»Das Gesetz der Furcht muss weichen, da der neue Bund begann«, wird in einem Hymnus des Fronleichnamsfestes gebetet. Wir sollten aber begreifen, welche Ungeheuerlichkeit mit diesem neuen und ewigen Bund gesagt ist. Der Bund der Verheißung, der Bund der Experimente und der Vorläufigkeit, die Geschichte, die noch offen ist und ihr Ziel erst noch experimentierend sucht, ist vorüber und das Ewige und Endgültige, Gott selbst ist schon da. In jenem geheimnisvollen Augenblick, wo Zeit und Ewigkeit, Erde und Himmel, Gott und Mensch – aus zwei durch eine Unendlichkeit voneinander getrennten Fernen aufeinander zukommend – sich eben zu durchdringen beginnen, in diesem Augenblick und an dieser Stelle geschieht die Prozession, die den Leib des Herrn trägt, und dieses Augenblickes und Punktes Ausdruck ist sie. [...] Dass unsere Bewegung ihr endgültiges Ziel schon geheimnisvoll, aber wirklich in sich aufgenommen hat, das sagt die Prozession, die den Leib dessen trägt, der für immer untrennbar Gott und Mensch ist, die den Leib trägt, der schon verklärt ist.

Diese Prozession spricht uns auch von der Einheit der Bewegten untereinander. Die Bewegung der Menschheit durch alle sternenweiten Räume ihrer Geschichten, Kulturen, Staaten, Kriege, Höhen und Abstürze hindurch ist doch nicht nur das wirre, chaotische Durcheinanderlaufen der von der Lebensnotdurft, von utopischen Idealen und dämonischen Gewalten durch ihr Leben Gehetzten. Sie haben die Einheit untereinander und die Einheit ihrer Bewegung, die letzte Einheit schon geschenkt erhalten. Wir sind alle ein Leib, die wir alle von einem Brot essen, sagt Paulus, Zeichen der Einheit, Band der Liebe, sagt Augustinus von dem Leib, den die Pilger der Geschichte im Glauben und in der Liebe in heiliger Prozession auf den Markt ihres Lebens tragen und segnend über die Erde erheben, aus der sie kümmerlich ihr Brot gewinnen, die ihr Blut und ihre Tränen gierig trinkt, um schließlich wieder – vorläufig nur – ihren Leib aufgehen zu lassen in die allgemeine Geschichte, die scheinbar ziellose Geschichte der Natur.

Wir tragen den Leib des Herrn in heiliger Prozession und sagen damit: Wir sind eins, wir alle gehen den gleichen Weg, den einen Weg Gottes und seiner Ewigkeit, dieselben Kräfte des ewigen Lebens wirken schon in uns allen, die eine göttliche Liebe ist schon unser Anteil, die uns tiefer verbindet und innerlicher als alles, was uns sonst einigen oder auch trennen könnte.

Das Sakrament der Einheit der Kirche und aller Erlösten tragen wir durch das Leben und bekennen uns so zu der Liebe, die die Sonne bewegt und die anderen Sterne, die Menschen und den ganzen Kosmos hin auf das eine Ziel und in das eine Reich hinein, in dem Gott alles in allem sein wird.

Pilger und Fremdlinge sind wir ohne bleibende Stätte, noch suchend das Künftige und Bleibende, das Ziel und die ewige Ruhe, die die höchste Lebendigkeit und das Leben schlechthin ist. Aber Pilger, mit deren Schuld, die sie treibt, auch das Erbarmen Gottes geht, Pilger, die das Ziel schon in Besitz haben, da nur noch offenbar werden muss, was wir schon haben und sind, Pilger einer unendlichen Bewegung auf das Ziel und im Ziel, Pilger eines einzigen Zieles, die in Liebe eins sind durch das eine Brot des ewigen Lebens. Lasset uns gehen, heute und immerdar, unverdrossen alle Straßen dieses Lebens, die ebenen und die rauen, die seligen und die blutigen, der Herr ist dabei, das Ziel und die Kraft des Weges ist da.

Unter dem Himmel Gottes zieht auf den Straßen der Erde eine heilige Prozession. Sie wird ankommen. Denn schon heute feiern Himmel und Erde zusammen ein seliges Fest.

Zu den Textquellen

Die drei hier versammelten Texte Karl Rahners stammen aus den Jahren 1950 und 1953. Es sind Predigten. Entfalten sie noch Kraft? Sprechen Sie noch an? Haben Sie uns sieben Jahrzehnte später noch etwas zu sagen? Wir hätten sie nicht veröffentlicht, wenn wir nicht davon überzeugt wären.

Sowohl die Zusammenstellung wie der Titel des Buches stammen von den beiden Herausgebern. Alle drei Texte waren, wenn auch in anderer Reihenfolge, leicht greifbar in dem von Albert Raffelt herausgegebenen, posthum erschienenen und wiederholt aufgelegten Rahner-Band »Das große Kirchenjahr« (1986). In der Edition »Sämtliche Werke« Karl Rahners wurden sie alle drei aufgenommen in Band 7: Der betende Christ. Geistliche Schriften und Studien zur Praxis des Glaubens. Bearbeitet von Andreas R. Batlogg. Freiburg i. Br. 2007.

»Mystik der Erde« erschien zunächst in der Tiroler Wochenzeitung »Der Volksbote« (50 [1950], Nr. 2 vom 12. 1. 1950, S. 13). 1892 unter dem Titel »Tiroler Volksbote« gegründet, während des Zweiten Weltkriegs eingestellt, erschien dieses Blatt seit 1946 unter dem neuen Titel »Der Volksbote«, wurde im Oktober 1973 umbenannt in »präsent. Österreichische Wochenzeitung für Politik, Religion, Gesellschaft und Kultur« und 1997 eingestellt. Zahlreiche Predigten und Meditationen Rahners wurden hier erstmals veröffentlicht. In »Das Große Kirchenjahr« ist die Predigt »Mystik der Erde« auf den Seiten 346 bis 347 (mit dem Zusatz: »Joh 2,1–14«) zu finden. Unsere Textgrundlage ist ein Auszug aus: Karl Rahner, Sämtliche Werke, Bd. 7, S. 382–383.

»Gegangen – und weg? Was Christi Himmelfahrt über den Glauben sagt« sowie »Von der Pilgerschaft des Lebens. Fronleichnam als Symbol des Christseins« (beide Titel und Untertitel stammen jeweils von den Herausgebern) erschienen zunächst unter dem gemeinsamen Titel »Von Festen und Geheimnissen« in der Zeitschrift »Geist und Leben« 26 (1953), S. 81–85 (»Christi Himmelfahrt«) und S. 86–89 (»Fronleichnam«). 1954 wurden sie in das mehrfach aufgelegte Bändchen »Kleines Kirchenjahr« aufgenommen, ebenfalls mit den Überschriften »Christi Himmelfahrt« (S. 93–101) und »Fronleichnam« (S. 111–117). Das »Kleine Kirchenjahr« ging ein in: Karl Rahner, Sämtliche Werke, Bd. 7, S. 117–189, die beiden ausgewählten Texte S. 163–167 und S. 172–176 bilden unsere Textgrundlage.

Kürzende Auslassungen durch die Herausgeber sind im Text durch [...] markiert. Um die Lektüre zu erleichtern, wurden an einigen Stellen zusätzliche Absätze eingefügt.

Karl Rahner im
Matthias Grünewald Verlag

Karl Rahner (1904–1984) war Jesuit und Theologe von Weltrang. Sein Anliegen war die Vermittlung von theologischer Tradition und modernem Denken. Er hatte großen Einfluss auf das Zweite Vatikanische Konzil und prägte die Grundlinien der Theologie im deutschen Sprachraum.

Die von Andreas R. Batlogg und Peter Suchla im Matthias Grünewald Verlag herausgegebene Reihe stellt Texte aus dem Werk Karl Rahners vor, die zeigen, wie christlicher Glaube das Leben auch heute bereichern kann. Alle Bände mit Festeinband und Leseband.

Karl Rahner im Matthias Grünewald Verlag

Das Herz feiert Weihnachten anders
ca. 96 Seiten
ISBN 978-3-7867-3400-0

Von der stillen Weihnacht unseres Herzens
80 Seiten
4. Auflage 2024
ISBN 978-3-7867-3193-1

Advent – Von der tiefen Sehnsucht unseres Herzens
80 Seiten
2. Auflage 2024
ISBN 978-3-7867-3147-4

Vom tiefen Sinn der Karwoche
80 Seiten
ISBN 978-3-7867-3381-2

Ostern: Es hat alles schon begonnen, neu zu werden
96 Seiten
ISBN 978-3-7867-3327-0

Warum gerade heute Christ bleiben?
96 Seiten
ISBN 978-3-7867-3369-0

Gott erfahren – wie soll das gehen?
96 Seiten
ISBN 978-3-7867-3344-7

Würde mir Gott fehlen?
96 Seiten
ISBN 978-3-7867-3316-4

Jesus nachfolgen, anders als gedacht
80 Seiten
ISBN 978-3-7867-3303-4

Maria – uns ähnlicher, als wir denken
80 Seiten
ISBN 978-3-7867-3358-4

Karl Rahner im Matthias Grünewald Verlag

Warum Beten manchmal schwerfällt – und was daran gut ist
88 Seiten
ISBN 978-3-7867-3240-2

Von der Kraft, täglich neu zu beginnen
64 Seiten
2. Auflage 2024
ISBN 978-3-7867-3211-2

Alt werden und lebendig bleiben
120 Seiten
ISBN 978-3-7867-3274-7